Bibliografische Information der Deutschen Nationalbibliothek:

Die Deutsche Bibliothek verzeichnet diese Publikation in der Deutschen National-
bibliografie; detaillierte bibliografische Daten sind im Internet über http://dnb.d-
nb.de/ abrufbar.

Impressum:

Copyright © 2008 GRIN Verlag, Open Publishing GmbH
Druck und Bindung: Books on Demand GmbH, Norderstedt Germany
ISBN: 9783640658749

Dieses Buch bei GRIN:

http://www.grin.com/de/e-book/153442/die-entwicklung-einer-soziologischen-
theorie-des-wohnens-unter-bezugnahme

Katharina Bergmaier

Die Entwicklung einer soziologischen Theorie des Wohnens unter Bezugnahme der Kritischen Theorie

GRIN Verlag

Kathi Bergmaier

DIE ENTWICKLUNG EINER SOZIOLOGISCHEN THEORIE DES WOHNENS MITHILFE DER KRITISCHEN THERORIE

Teil A: Kritische Theorie

Tei B: Theorie des Wohnens

Literaturverzeichnis

Kathi Bergmaier

Teil A: Kritische Theorie

1.) Einleitung

Max Horkheimer prägte den Begriff zusammen mit Herbert Marcuse in den 30er Jahren des letzten Jahrhunderts. *"Der Begriff "Kritische Theorie" ist zunächst mit dem Forschungskreis des Instituts für Sozialforschung in Frankfurt am Main verbunden, namentlich mit **Theodor Adorno**, **Max Horkheimer**, **Herbert Marcuse**, **Erich Fromm**, **Walter Benjamin** oder **Leo Löwenthal.*** " (siehe Behrens, Roger (1992): Kritische Theorie, EVA; Berkeley, S. 74) Die kritische Theoire wird seit den 60er Jahren auch als Frankfurter Schule bezeichnet.

Die kritische Theorie entwickelte die klassisch marxistisch-dialektische Theorie der Gesellschaft kritisch und selbstkritisch weiter. Am Ende steht eine Theorie des modernen Menschen, die *"Ökonomie, Geschichtswissenschaft, Gesellschaftstheorie und Psychoanalyse miteinander"* verbindet. (siehe Behrens, Roger (1992): Kritische Theorie, EVA; Berkeley, S. 20)

Zentrale Themen sind Untersuchungen zur autoritären Persönlichkeit, zur Schwierigkeit von Widerstand, zur Interaktionskraft von Staat, Wirtschaft und Kultur und zur Absorption von Kritik. So ist es ein großes Potential der kritischen Theorie, latente Herrschaftsverhältnisse aufzudecken. Die Kritische Theorie betrachtete auch Mensch-Tier- Beziehungen unter herrschaftstheoretischen Aspekten und weitete zumindest teilweise den *"Emanzipationsgedanken auf tierliche Individuen"* aus. (siehe Mütherich, Birgit (2004): Die Problematik der Mensch-Tier-Beziehung in der Soziologie: Weber, Marx und die Frankfurter Schule, Lit, Münster, S. 154)

Die kritische Theorie ist keine geschlossene Denkschule, in zahlreichen Disziplinen und theoretischen Strömungen findet man zentrale Elemente der kritischen Theorie; *"gleichwohl bleiben analytische Begriffe ..."*–die selbst permanenter kritischer Reflexion unterworfen sind- *"Werkzeuge der kritischen Theorie".* (siehe Behrens, Roger (1992): Kritische Theorie, EVA; Berkeley , S. 45)

2.) Das Institut für Sozialforschung

Aus einer 1923 stattfindenden "Marxistischen Arbeitswoche" ging 1924 das Institut für Sozialforschung in Frankfurt am Main hervor. Financier war der sozialistische Millionär **Felix Weil. Carl Grünberg** wird der erste Direktor des Instituts, 1928 übernimmt **Friedrich Pollock** die Leitung, 1931 Max Horkheimer. Nach der Machtergreifung der Nazis verlegt das

Kathi Bergmaier

Institut seine Arbeit zunächst Nach Genf, dann nach New York. Horkheimer und Adorno kommen nach dem Krieg nach Franfurt zurück. Das Institut forcierte eine an Marx anknüpfende undogmatische sozialkritische Forschung.Die kritische Theorie entwickelte ihre Thesen aufgrund von historischen Bedingungen: Die sozialistische ArbeiterInnenbewegung hatte versagt und ihre Chance; eine Revolution zu machen, vergeudet; Klassenkompromiss war an die Stelle von Klassenkampf getreten, die Greuel des Faschismus hatte die linke Bewegung in ihren Grundfesten erschüttert.

Der klassische Marxismus lehrt die zwangsläufige geschichtliche Entwicklung zum Sozialismus und die Bestimmung des gesellschaftlichen Seins, des Überbaus (Ideologie) durch die ökonomische Basis (die Art und Weise, wie produziert wird). Für die kritische Theorie zeigte sich jedoch *"zu Beginn des 20en Jahrhunderts eine Verselbstständigung des Überbaus:"* Machtverhältnisse hatten sich bis ins Unbewusste der Menschen verfestigt und wurden von diesen reproduziert. (siehe Behrens, Roger (1992): Kritische Theorie, EVA; Berkeley, S. 18) Nicht nur die ökonomische Ausbeutung musste wahrgenommen werden, sondern auch die auf sozialer, sozialpsychologischer Ebene. **"Das Akkumulations- und Zusammenbruchgesetz des kapitalistischen Systems"** wurde das erste Großprojekt des interdisziplinär arbeitenden Instituts, das zweite Großprojekt **"Studien über Autorität und Familie"** beinhaltet folgendes Fazit: Auch für die Zukunft ist eine positive Umgestaltung der Gesellschaft nicht zu erwarten, denn die Studien der kritischen Theorie zeigten, dass die sozialistische Einstellung vieler Arbeiter nur oberflächlich war. In hohem Maße wiesen auch diese Menschen konformistische und autoritäre, rassistische und sexistische Einstellungen auf, die eine libertäre Gesellschaftsordnung unmöglich machen. (vgl. Dubiel, Helmut (2001): Kritische Theorie der Gesellschaft, Juventa, Weilheim/München, S. 56)Auch die von **Fromm** geleitete Studie **"Arbeiter und Angestellte am Vorabend des dritten Reiches"** aus den 20er Jahren und die von **Adorno** geleitete Studie **"Studien zur autoritären Persönlichkeit"** aus den 50ern zeigte ähnliche Ergebnisse: Die Mehrheit der Menschen weist stark autoritäre (Tendenz zu extrapdfapunitiven Verhalten, Hass auf Schwache und Minoritäten, Bedürfnis nach Sauberkeit, Recht; Ordnung und einer starken Hand etc, Ablehnung gegenüber Fremden, Unbekannten; Starke In-group-orientation; Machtgier etc...) und konformistische Persönlichkeitsmerkmale auf. (vgl. Dubiel, Helmut (2001): Kritische Theorie der Gesellschaft, Juventa, Weilheim/München, S. 46)

3.) Unterschiede kritische Theorie- traditionelle Theorie

Ein wesentlicher Unterschied der kritischen Theoire zu den "traditionellen" Theorien und Wissenschaftsauffassungen besteht darin, dass sie die gesellschaftlichen Verhältnisse und gesellschaftliche Bereiche nicht isoliert betrachtet, sondern diese in ihrer Gesamtheit darstellt und auf ihre Veränderungs- und Verbesserungsmöglichkeiten durchleuchtet. Die kritische Theorie erkennt Wissenschaft und Forschung nicht als abgehobene, unbeeinflusste Sphäre, sondern als Teil der Gesellschaft. Somit gibt es keine wertfreie, unideologische Wissenschaft und jene Wissenschaftler, die die gesellschaftliche Bedingtheit von Wissenschaftsinhalten leugnen, zementieren durch das systemaffirmative Wesen ihrer Wissenschaft Ungerechtigkeiten und geben den Nährboden für *"reaktive Forschung, die mitunter bereit ist, um der Wissenschaft willen den Tod von Menschen in Kauf zu nehmen."* (siehe Behrens, Roger (1992): Kritische Theorie, EVA;Berkeley, S. 20)

Im Gegensatz zum Wertfreiheitspostulat der klassischen Wissenschaft beinhaltet die kritische Theoire das Postulat zu kritischem Verhalten, zur aktiven Veränderung der Gesellschaft. Wissenschaft soll ein Instrument zur Befreiung und Mündigmachung sein. Die kritische Theorie impliziert Parteiergreifung für Humanität und gegen Unterdrückung und begreift Theorie und Praxis als Einheit und forcierte eine interdisziplinäre Sozialforschung.

4.) Geschichtsauffassung

Die klassische bürgerliche Geschichts- und Sozialtheorie betrachtet Geschichte als linearen Prozess mit fortschrittlichen Verlauf und kontinuierlicher Höherentwicklung. Ob Hegel oder Comte, zahlreiche Konzepte beschreiben einen Stadienverlauf der Geschichte, und während dieses naturgegebenen Ganges bedeutet eine Weiterentwicklung immer etwas Gutes. Die kritische Theorie deutet demgegenüber Geschichte als einen in *"sich widersprüchlichen, sprunghaften und diskontinuierlichen Prozess."* (siehe Behrens, Roger (1992): Kritische Theorie, EVA; Berkeley, S. 13)

Obwohl die Ressourcen vorhanden wären, um Leid auf der ganzen Gesellschaft zu verhindern, hungern im Kapitalismus mehr Menschen als jemals zuvor und leben und arbeiten die meisten Lebewesen in der Welt unter elenden Bedingungen. Das Leiden von Mensch und Tier ist dem System Kapitalismus immanent, die kritische Theorie sieht ganz klar die Notwendigkeit einer Systemtransformation gegeben. Die kritische Theorie untersucht auch warum die meisten Menschen die Notlagen, ihr Leid und ihr Elend als unabänderlich gegebenes Schicksal akzeptieren und nicht revoltieren. (vgl. Behrens, Roger (1992): Kritische Theorie, EVA; Berkeley, S. 14)

5.) Horkheimer/ Adorno (1947): Dialektik der Aufklärung

In diesem Buch entwickeln sie die Geschichtsdeutung, dass Vernunft immer mehr zu einem Herrschaftsinstrument wird. Die Aufklärung, die Postulation der Vernunft, ging einher mit der Unterdrückung der Natur. Da der Mensch aber auch Natur ist, unterwirft er mit der Natur auch sich selbst. Die Aufklärung trat zwar an, die Vernunft zu entfesseln, die Menschen mündig zu machen, doch in der bürgerlichen Gesellschaft ist die Vernunft nicht länger an übergeordnete Ideen von Freiheit, Gerechtigkeit und Solidarität gebunden, sondern weitgehend auf *"ihren subjektiven Gebrauch reduziert... Im Dritten Reich war beispielsweise der Zugtransport... in die Vernichtungslager rational organisiert. Eine in dieser Weise"* inhaltsleere, *"instrumentell gewordene Vernunft wird selbst zum Mythos."* (siehe Behrens, Roger (1992): Kritische Theorie, EVA; Berkeley, S. 35)

In diesem Zusammenhang sprechen Horkheimer und Adorno von einem universellen Verblendungszusammenhang. Verblendung, weil die Menschen diese soziale Ordnung für vernünftig halten und universell, weil er *"alle Bereiche des gesellschaftlichen Lebens"* durchdringt. (siehe Behrens, Roger (1992): Kritische Theorie, EVA; Berkeley, S. 54)

Die geschichtlichen tragischen Erfahrungen (Hitlerfaschismus, Stalinismus, die Liebäugelung der ArbeiterInnenklasse mit dem Kapitalismus) führten Adorno und Horkheimer zu der These, dass ein totalitärer Staat und der Kapitalismus nicht nur ökonomisch das System stabil hält, sondern sich als eine psychische Struktur sich im Bewusstsein der Menschen selbst verfestigt hat; wodurch durch Menschen diese Herrschaftsverhältnisse wiederum beständig reproduziert werden. Die faschistische Propaganda konnte auf die sozialpsychologischen Muster des autoritären Charakters zurückgreifen und im diesen Sinne kann der Faschismus niemals als eine vorübergehende geschichtliche Phase angesehen werden, deren Gefahr hinter uns liegt. Ganz im Gegenteil, der Terror ist tiefst in der modernen Gesellschaft verwurzelt. (vgl. Behrens, Roger (1992): Kritische Theorie, EVA; Berkeley, S. 38) Das Conclusio der Dialektik der Aufklärung ist pessimistisch: Unsere Gesellschaft ist totalitär, es gibt keinen Ausweg.

6.) Herbert Marcuses Werk

Marcuse diagnostiziert in seinem Buch "**Triebstrktur der Gesellschaft**" für die fortgeschrittene Industriegesellschaft eine Unterdrückung der Triebe zu Gunsten des Leistungsprinzips. *"Triebe und die lustvolle, spielerische Dimension des Lebens ..."* werden vom Leistungsprinzip *"verdrängt und verstümmelt"*, was laut Marcuse in KZ, Massenvernichtung, Weltkriegen und Atombomben gipfelt. (siehe Behrens, Roger (1992): Kritische Theorie, EVA; Berkeley, S. 40) Eine Befreiung des Menschen heißt *"also nicht nur eine Umwälzung der ökonomischen Verhältnisse"*..., *"sondern eine Befreiung der psychischen Energien..."* und der *"emotionalen Fähigkeiten des Menschen".* (siehe Behrens, Roger (1992): Kritische Theorie, EVA; Berkeley, S. 41)Diese Umgestaltung wird laut Marcuse nicht die im klassischen Marxismus als revolutionäre Klasse verstandene ArbeiterInnenklasse in die Hand nehmen, sondern eher von sozialen Randgruppen, KünstlerInnen und Intellektuellen. Die sich in den 60ern konstituierende und weltweit erstarkende (Jugend)Protestbewegung schien anfänglich Marcuses These zu bestätigen. *"Zusammen mit der Frauenbewegung und dem Kampf gegen Rassismus entwickelte sich eine Form der Protestkultur, die ihre Inhalte und Formen der Massenkunst entlehnte; jugendliche Subkulutren entdeckten Festivals als Sprachrohr und Ausdruck einer anderen Idee von Gesellschaft."* (siehe Behrens, Roger (1992): Kritische Theorie, EVA; Berkeley, S. 44)

Marcuse sprach *"in Bezug auf die politische Situation in den USA"... "von einer Gesellschaft ohne Opposition. Gerade der demokratisch organisierte Kapitalismus erscheint"..."als totalitäres System neuen Typs."* Die Grundpfeiler der spätkapitalistischen Gesellschaft haben sich ideologisch im Bewusstsein der Menschen festgebrannt. *"...Die Logik von Geld, Warentausch und Arbeit"* wird als natürliche Ordnung hingenommen, alles- sogar menschliche Beziehungen- verdinglichen. Die Gewalt hat sich *"in die gesellschaftlichen und psychischen"* Sphären verschoben. (siehe Behrens, Roger (1992): Kritische Theorie, EVA; Berkeley, S. 42) Die Massenproduktion befriedigt die Bedürfnisse unmittelbar. So können die Menschen nicht mehr über ihre wahren Bedürfnisse nachdenken, so kann zwischen echten und industriell erregten, geschaffenen Bedürfnissen nicht mehr unterschieden werden. Bei Problemen flüchten Menschen in (Produkt)ersatzbefriedigungen. So der Zwang, neue Kleider zu kaufen wenn es einem schlecht geht. Diese Entwicklung ist für die Psyche höchst bedenklich, denn da Bedürfnisse sofort befriedigt werden, lernt der Mensch Triebsublimation, welche Notwendig für Reife ist, nicht mehr.(Sublimierung: Triebimpulse unterdrücken und in gesellschaftlich anerkannte Bahnen und Tätigkeiten (Sport, ...) lenken und hier ausleben.) So wird das Individuum künstlich unmündig und kindlich gehalten, was essentieller Teil und Stütze des Herrschaftssystems ist. Dieser Vorgang wird repressive Entsublimierung genannt.

7.) Total verwaltete Welt- totalitärer (Spät)kapitalimsus

Von Massenbetrug spricht die kritische Theorie, um zu verdeutlichen, dass das Glück, dass den Massen laufend durch die Kulturindustrie versprochen wird, ihnen systematisch vorenthalten wird. Man könne zwar in einer Demokratie zwischen verschiedenen Optionen wählen, im Fernsehprogramm oder in der Parteienlandschaft; *"trotz der Vielfalt bestünden aber kaum Unterschiede in den Auswahloptionen. Vor allem aber gebe es keine Möglichkeit mehr, eine grundsätzliche Kritik am Bestehenden zu äußern, allein durch die bloße Teilnahme an der Gesellschaft, der man sich nicht entziehen kann, bestätige"* jedermann/frau *"...bereits die herrschenden Zustände."* (siehe Behrens, Roger (1992): Kritische Theorie, EVA; Berkeley, S. 55) Gesellschaftskritisches wird entweder von der Kulturindustrie aufgegriffen und entschärft oder nicht gehört, gesehen oder gesendet. (Bsp. Kritische Punkmusik, kleiner Kreis von Hörern, Kulturindustrie greift auf, Entwicklung hin zu sinnentleerten Massenspasspunk; Thomas Bernhard Religions- und Faschismuskritiker, wird von der Kulturindustrie als Übertreibungskünstler dargestellt, so werden ihm Radikalität und Angriffspunkte genommen).

Das spätkapitalistische Zeitalter ist ein schwer zu durchschauendes Herrschaftssystem, dass durch Unterwerfung des Individuums unter bürokratische Zwänge, somit Ausschalten des autonomen Individuums und seines Bewusstseins zugunsten der Anpassung an die gegebenen gesellschaftlichen Verhältnisse gekennzeichnet ist. In dieser total verwalteten Welt ist und fühlt sich der Mensch wie eine Marionette ohnmächtig gegenüber übermächtiger Systeme wie Wirtschaft, Staat und Kultur und diesen Systemen wie in der Protagonist in den Romanen Kafkas hilflos ausgeliefert.

Weiters bestimmen Entfremdung und Verdinglichung die Gesellschaft. Die als natürlich angesehene kapitalistische Ordnung durchdringt alle Sphären der sozialen Existenz: Alles erhält Warencharakter: Kultur, Gesundheit, Bildung, sexuelle Attraktivität. Menschen beurteilen sich zunehmends nach dem Tauschwert. Aber die Waren besitzen auch Fetischcharakter, Statuswert; diese durch die Waren vorgegaukelte Verbesserung des Lebens trägt einen erheblichen Teil zur Festigung der Konsumgesellschaft bei. (vgl. Behrens, Roger (1992): Kritische Theorie, EVA; Berkeley, S. 57f.)

8.) Kultur…

Da die Massenkultur ein Ausdruck gesellschaftlich herrschender Gedanken ist, lenkt sie vom realen Elend und gesellschaftlichen Missständen ab und stellt diese Realität als selbstverständlich dar. Glück wird als Zufall dargestellt, die Menschen hin zu Konformität und Resignation erzogen. Massenkultur ist Massenbetrug und versklavt den Menschen subtiler als eine andere Herrschaftsform. Die Menschen werden Mittels Massenkultur, welche einen Ersatz für ein besseres Leben bietet, an die Gesellschaft angepasst und so jegliche Kritik von der Kulturindustrie absorbiert.

Die Massenkultur, die das Stadium des fortgeschrittenen Kapitalismus prägt, erforderte eine Neubestimmung des Kulturbegriffs. *"Dabei ging es um Fragen, inwiefern etwa Kultur Ausdruck der wirtschaftlichen Verhältnisse ist, inwiefern die moderne Alltagskultur die herrschende Ideologie widerspiegelt oder inwiefern sie vielleicht auch ein Ort des Widerstandes sein kann."* (siehe Behrens, Roger (1992): Kritische Theorie, EVA; Berkeley, S. 31) In manchen Ansätzen der kritischen Theorie zeigen sich schon große Parallelen zu den Cultural Studies und deren Aufwertung der Massenkultur.

Marcuse und Walter Benjamin sahen im Gegensatz zu Adorno in der modernen Massenkultur positive Aspekte und Möglichkeiten für subversive Nischen innerhalb der modernen Kultur.

(vgl. Dubiel, Helmut (2001): Kritische Theorie der Gesellschaft, Juventa, Weilheim/München, S. 38)

Durch Musikformen wie Jazz oder die Pop- und Rocksongs der 60 und 70er erstarkte eine Protestbewegung und ein enormes Widerstandspotential. Adorno hingegen stand dem allen ablehnend gegenüber, Massenkultur bedeutete für ihn nur Verdummung und Systemstabilisierung. Er trennte Massenkultur und Hochkultur, welche emanzipatorische Funktion habe. In den 90er Jahren gab es auch im Bereich der Popkultur eine Resignation, nachdem zuvor eine zunehmende Heterogenisierung an Lebensstilen und Subkulturen stattgefunden hatte. Nach dem Zusammenbruch des Ostblocks hat sich der Kapitalismus global durchgesetzt, seine Herrschaft scheint trotz schreiender, sich verschärfender sozialer Ungerechtigkeiten aufgrund von neoliberaler Umstrukturierung so gefestigt wie nie zuvor und Neofaschismus und rassistische Ausschreitungen nehmen im Kombination mit der Umgestaltung zu einem repressiven Überwachungsstaat und der Aushöhlung von demokratischen, bürgerlichen und sozialen Rechten scheinbar die Überhand.

Eine eher an Konsum als an sozialem Widerstand interessierte Jugend stellt die Schar der neuen Konsumenten.

Kathi Bergmaier

Die Studentenbewegung berief sich auf die kritische Theorie und wurde von den Kritischen Theoretikern nicht unterstützt, da diese bereits auf den von ihnen kritisierten Elfenbeinturm der Wissenschaft saßen, antirevolutionär handelten und so selbst das Establishment festigten. Als die Chance zum gesellschaftlichen Umbruch gekommen war, distanzierten sich die Kritischen Theoretiker fadenscheinig mit dem Credo, der Zeitpunkt für einen revolutionären Umbruch sei schlichtweg noch nicht reif. Adorno ging repressiv gegen seine StudentInnen vor, als diese sein Büro in ihrem Kampf gegen autoritäre Strukturen an den Hochschulen besetzten.

9) Jürgen Habermas: Theorie Kommunikativen Handelns (1981)

In Jürgen Habermas kommunikationstheoretischem Werk "Theorie kommunikativen Handelns" unterscheidet er 4 Handlungstypen: teleologisches (zweckrational), normatives,dramaturgisches und kommunikatives/ verständigungsorientiertes Handeln. In dem Buch identifiziert Habermas Determinanten einer idealen, vom System systematisch verhinderten Sprechsituation, um so die demokratischen Partizipationschancen zu erhöhen. Zentrale These hiebei ist die Konmlonialisierung der Lebenswelt. (vgl. Dubiel, Helmut (2001): Kritische Theorie der Gesellschaft, Juventa, Weilheim/München, S. 112)
Lebeswelt bezeichnet den selbstverständlichen Erfahrungshorizont. In der Lebenswelt findet Selbstproduktion- und Interpretation statt. Lebenswelt ist Konglomerat unserer sozialen Herkunft, unserer früheren und gegenwärtigen Gruppenzugehörigkeiten. (vgl. Dubiel, Helmut (2001): Kritische Theorie der Gesellschaft, Juventa, Weilheim/München, S. 107)
Systeme hingegen sind durch rein zweckrationales Handeln bestimmt, so z.B. Unternehmen. Ursprünglich waren System und Lebenswelt entkoppelt, doch jetzt greifen sie immer mehr in die Lebenswelten ein. Auch das Privatleben wird immer mehr von rationalistischen, (Rationalität als Kosten-Nutzen-Abwägung definiert) marktkonformen Erwägungen bestimmt. Diese Eigendynamik führt zur "Kolonialisierung der Lebenswelt." Der Ausweg, so Habermas, aus dieser pathologischen Situation ist die Stärkung kollektiver Vernunft und von kommunikativer Rationalität. (herrschaftsfreier, idealtypischer Diskurs) (vgl. Dubiel, Helmut (2001): Kritische Theorie der Gesellschaft, Juventa, Weilheim/München, S. 121)

Kathi Bergmaier

10.) Kritische Theorie: VorreiterInnen, Weiterentwicklungen und Differenzierungen

Wie schon erwähnt, Elemente der kritischen Theorie finden sich in zahllosen Disziplinen und theoretischen Strömungen. Genau abzugrenzen, was kritische Theorie ist, gestaltet sich als unmöglich: Die Arbeit vieler ForscherInnen und ganze Forschungszusammenhänge können durchaus als kritische Theorie gesehen werden. So zum Beispiel die Ansätze um **Willhelm Reich, Otto Rühle** und einige individualpsychologische Ansätze, die allesamt die Erkenntnis der Reproduktion der gesellschaftlichen Strukturen durch die Individuen eint; eine Erkenntnis, auf der die Kritische Theorie fußt. Wilhelm Reichs Fokus auf der Wiederfreisetzung der unterdrückten Triebe und der Lebensenergie ist ident mit Marcuses Forderung nach Stärkung der emotionalen Fähigkeiten durch das Zurückdrängen des Leistungsprinzips. Durchaus als kritische Theoretiker können **Karl Grosch** und **Georg Lukacs** angesehen werden, die in den 20ern ebenso wie Rühle und Reich einen undogmatischen Marxismus, der auch die Wirkungen des Überbaus erkennt, prägten.

Auch **Ernst Bloch** und die Neomarxisten **Antonio Gramsci** und die ExistentialistInnen **Jean-PaulSarte, Simone de Beauvoir** oder **Albert Camus** können als kritische TheoretikerInnen angesehen werden. In der Blütezeit der kritischen Theorie in den 70ern erschienen eine große Anzahl an AutorInnen, die im Sinne der kritischen Theorie arbeiteten: Untern anderem **Gerhard Vinnai** und **Peter Brücker. Bob Altemeyer** führt derzeit Studien zum autoritären Charakter durch, und auch **Pierre Bourdieu** hat mit seiner Praxeologie viele Erkenntnisse der kritischen Theorie aufgegriffen.

Die kritische Theorie beeinflusste auch den Strukturalismus. **Michel Foucault** hat mit seinen Studien über Normierungs- und Disziplinierungsmächte in kapitalistischen Gesellschaften sehr ähnliche Erkenntnisse zur klassischen kritischen Theorie geliefert. *"Seine Kritik an den Ausschlußmechansimsen moderner, totaler Institutionen..."* (Gefängnisse, Psychiatrie, Schulen, Krankenhäuser, Fabriken) *"deckt sich zum Teil wörtlich mit den Diagnosen"* Adornos, Marcuses und Horkheimers. (siehe Behrens, Roger (1992): Kritische Theorie, EVA; Berkeley, S. 82) *"Ähnlich und anschließend an Foucault hat **Gilles Deleuze** mit dem Begriff der Kontrollgesellschaft eine an die kritische Theorie anschlussfähige Diagnose der gegenwärtigen Gesellschaft vorgelegt."* (siehe Behrens, Roger (1992): Kritische Theorie, EVA; Berkeley, S. 83) Er legt auch ein großes Augenmerk auf die Verinnerlichung konformistischen Verhaltens.

Die **Cultural Studies** haben ebenso ihren Ausgangspunkt in der Kritischen Theorie. Während jedoch vor allem Horkheimer und Adorno *"noch die bürgerliche Hochkultur gegen eine..."* nur *"Schund hervorbringende Massenkultur"* dichotomisierten, *"...verteidigen die Cultural*

Studies die populäre Kultur" und die kulturellen Fähigkeiten der KonsumentInnen (siehe Behrens, Roger (1992): Kritische Theorie, EVA; Berkeley, S. 84) Die Cultural Studies gingen aus der englischen Erwachsenenbildung hervor, wo der Kulturindustriethese des ohnmächtigen Publikums eine positive Bewertung der Massen- und vor allem ArbeiterInnenkultur entgegensetzten werden wollte. *"Massenkultur bedeute nicht zwangsläufig Massenbetrug."* (siehe Behrens, Roger (1992): Kritische Theorie, EVA; Berkeley, S. 84) Neben der Frage nach Identität und Lebensstil rückten die Fragen nach Klasse, Ethnie und Geschlecht in den wissenschaftlichen Fokus der Cultural Studies.

In den 80er und 90er Jahren kommen von der kritischen Theorie ausgehende **feministische Theorien** auf. Geschlechterdichotomie, Gender und das Konzept der natürlichen Heterosexualität werden kritisch hinterfragt. **Judith Butler, Regina Becker-Schmidt und Gudrun Axeli-Knapp** stellen hierfür nur exemplarische Beispiele dar. (vgl. Behrens, Roger (1992): Kritische Theorie, EVA; Berkeley, S. 88)

Tei B: Theorie des Wohnens

1.) Einleitung

Wohnen ist ein *"multidimensionales Phänomen aus baulichen, geographischen, ökonomischen, sozialökologischen, soziologischen, psychologischen, historischen Faktoren"…",* die zudem noch in einem komplexen Geflecht von Interdependenzen zueinander stehen." (siehe Schmitt, Jürgen (Hrsg.) (2006): Einfamilienhaus oder City? Wohnorientierungen im Vergleich, Wiesbaden; VS, S. 33)

Das Gesamtphänomen Wohnen kann mehreren Ebenen zugeordnet werden: Wohnen " *als individuelle Angelegenheit"…",* als psychologische Angelegenheit (Bedürfnisse nach Schutz, Privatheit etc.), als physiologische Angelegenheit (Bequemlichkeit, Handlichkeit, Hygiene etc.), als technologische Angelegenheit"…",* als soziale Angelegenheit (Status, Pretige etc,), als sozio-kulturelle Angelegenheit (Geschmack, Stil) und als soziologische Angelegenheit (Wohnerlebnis als Prozess zwischen Dingen und Menschen)"* und der sozialen Einheit des Wohnens (wer wohnt mit wem zusammen). (siehe Schmitt, Jürgen (Hrsg.) (2006): Einfamilienhaus oder City? Wohnorientierungen im Vergleich, Wiesbaden; VS, S. 33)

Kathi Bergmaier

Auf psychologischer Ebene finden sich 5 Dimensionen des Wohnens: *"Öffentlichkeit und Privatheit, Individualität und Konformität, Anregung und Monotonie, Ortverbundenheit und Ortsidentität sowie Nachbarschaft."* (siehe Schmitt, Jürgen (Hrsg.) (2006): Einfamilienhaus oder City? Wohnorientierungen im Vergleich, Wiesbaden; VS, S. 34)

Auf diese Wohnen konstituierenden Spannungsfelder beziehen sich unsere Hypothesen.

Hypothese 1:

Die herrschenden Vorstellungen vom Wohnen sind Vorstellungen der herrschenden Gruppen.

Diese Hypothese ist in Anlehnung an die Kulturindustriethese der klassischen Kritischen Theorie aufgestellt worden. Somit steht laut dieser These zum Beispiel bei der Wahl der Wohnungseinrichtung der individuell- schöpferische Charakter nicht im Vordergrund, sondern Menschen richten ihre Wohnung konformistisch und reproduktiv nach den jeweilig geltenden gesellschaftlichen Normen ein.

Beispiele

Typische für den deutsch-österreichischen Kulturkreis: Wohnraumaufteilung mit entsprechendem Mobiliar (Wohnzimmer: Sofa, aber kein Bett; Vorraum: Schuh- und Kleiderablegemöglichkeit, Waschmaschine entweder in Bad oder Küche), für die meisten Menschen ist es unvorstellbar, keine Vorhänge an den Fenstern zu haben oder auf ein Bettgestell zu verzichten und nur auf einer Matratze zu schlafen.

Weiters ist das gesellschaftlich herrschende Ideal des Wohnens das eines freistehenden Einfamilienhauses mit Garten. Dieses Ideal ist im Hinblick auf die Form des Zusammenlebens (klassische Kleinfamilie mit Kindern) durchwegs konservativ und ebenso im Hinblick auf den Kostenfaktor einer solchen Wohnform, durch die Entwicklung der letzten Jahre noch verschärft, nur für eine kleine gesellschaftliche Gruppe von Wohlhabenden ohne ruinöse Verschuldung erreichbar.

12

Kathi Bergmaier

Andererseits stellt die Wahl des Wohnobjektes an sich und dessen Inneneinrichtung aber auch ein Statussymbol und einen Ausdruck eines Lebensstil(milieus) einer Person dar. Die Wohnung einer Person sagt sehr viel über diese Person, ihren Geschmack, ihren Lebensstil aus.

Das Lebensstilkonzept hat den klassischen engen, marxistischen Klassenbegriff erweitert. Neben ökonomischen Faktoren (Einkommen) und Bildungsfaktoren bezieht es auch den Habitus einer Person (Geschmackspräferenzen, Wahrnehmungs-, Deutungs- und Handlungsmuster; manifestiert sich im subjektiven Lebensstil einer Person) mit ein. Damit verlaufen die Grenzen zwischen den Schichten offener.

Der Begriff Lebensstil stammt von Max Weber und die Lebensstilforschung ist in der neuen Soziologie ein großes Forschungsgebiet geworden. Mit fortschreitender Individualisierung einer Gesellschaft, so Webers Ausgangsthese, kommt es zu einer Pluralisierung der Lebensstile, da traditionelle Kollektivitäten erodieren und neue gefunden werden wollen. Beck, Bourdieu, Schulze –um nur einige exemplarisch zu nennen- haben sich mit Lebensstilen beschäftigt und/oder Lebensstilemilieus klassifiziert. Schulzes zentraler These der Erlebnisgesellschaft und der hedonistischen Erlebnisorientierung der gegenwärtigen Gesellschaft folgend, unterscheidet er Unterhaltungsmilieu, Selbstverwirklichungsmilieu, Harmonienmilieu, Integrationsmilieu und Niveaumilieu. Bourdieu hingegen unterscheidet den distiguierenden Habitus der Oberschicht, das aufstiegsorientierte Mittelschichtmilieu und den durch Notwendigkeitsgeschmack bestimmten Lebensstil der Unterschicht.

→ Hypothese 2:
Wohnen ist eine statusvermittelnde soziale Praktik, soziale Differenzierungen zeigen sich in den unterschiedlichen Wohnformen.

Wohnpräfrenzen bestehen bezüglich des Wohnobjekts (Wohnfläche und –räume, emotionale Wirkung, Ausblicke, Bebauungsdichte und bauliche Beziehung zur Nachbarschaft, nutzbare Außenflächen etc.), bezüglich der Inneneinrichtung (Fokus auf Originalität oder Gebrauchorientierung etv.),bezüglich der Lage (Erreichbarkeit der Infrastruktur, Nähe zu Landschaft oder städtischem Leben, Ungestörtheit von Belästigungen etc.) und bezüglich der Nachbarschaft beziehungsweise Wohngemeinschaft (homogene- heterogene Nachbarschaft, Singlehaushalt- Familie- Wohngemeinschaft; Identifikation mit Dorf- oder Stadtgesellschaft,

Kathi Bergmaier

Anonymität und Distanz- nachbarschaftliche Gemeinschaft etc.) (vgl. Schmitt, Jürgen (Hrsg.) (2006): Einfamilienhaus oder City? Wohnorientierungen im Vergleich, Wiesbaden; VS, S. 35f.)

Diese Wohnpräferenzen sind abhängig vom Lebensstil einer Person.

„Was als ästhetisches und atmosphärisches Erlebnis in Bezug auf die Wohnumwelt gesucht wird, hängt an milieuspezifischen Präferenzen und signalisiert gleichzeitig die entsprechende Zugehörigkeit nach außen." (siehe Schmitt, Jürgen (Hrsg.) (2006): Einfamilienhaus oder City? Wohnorientierungen im Vergleich, Wiesbaden; VS, S. 117)

Diese Hypothese macht unter anderem auch die Zielgruppenorientierung von Architektur ersichtlich.

Beispiele habitus- und lebensstilverdeutlichender Wohnformen und –stile
Oberschicht-distinguierend:
 das lichtdurchflutete, minimalistisch eingerichtete Penthouse eines Managers

aufstiegsorientierte Mittelschicht:
Die schwarze Ledercoach im mit klassischen Gemälden behängten Wohnzimmer einer aufstiegsorientierten, konservativen Mittelschichtfamilie,
die minimalistische, auf Funktionalität und Ordentlichkeit eingerichtete Yuppie-Wohnung

Bildungsbürgertum:
Das Che-Guevara-Poster im Wohnzimmer einer bunt ausgemalten innerstädtischen Studenten-WG,
die bücherübersäte, originell eingerichtete und nicht zu ordentliche innerstädtische Altbauwohnung einer progressiven Künstlerin

Notwendigkeitsgeschmack:
Gartenzwerge im Garten von stolzen BesitzenInnen eines Schrebergartens,
der teure large-screen-Plasmafernseher in der Wohnung eines Hilfsarbeiters,
das von einer großen Mauer umgebenen kleine Einfamilienhaus eines alten Ehepaares,
welches oftmals hinter den Fenstergardinen beobachtet, ob ihrem mühsamst ersparten Haus doch niemand etwas zu leide tun will,
die geschiedene Hausfrau eines Elektrikers, die größten Wert auf Sauberkeit, Unauffälligkeit und Konformität legt, in Angst vor der schlechten Meinung der Nachbarn lebt und 2 mal in

Kathi Bergmaier

der Woche die äußeren Fensterrahmen putzt und jeden Tag den Bürgersteig unter ihren
Wohnungsfenstern reinigt,

die noch als Friseuse berufstätige Mutter zweier Schulkinder, deren Wohnung aussieht wie
aus einem Möbelhauskatalog entnommen und die größten Wert auf Sauberkeit legt

Hypothese 3:
Segregation von Menschen außerhalb des Erwerbslebens
Die zunehmende Segregation unter anderem von alten Menschen in unserer Gesellschaft
(Altenheime, ect…) lässt sich durch eine an den Marxismus angelehnte These
folgendermaßen erklären: Da im Kapitalismus die Integration in die Gesellschaft vorrangig
über die Sphäre der Erwerbsarbeit erfolgt, folgt logischerweise eine (wohnräumliche)
Segregation jener Gruppen, die nicht (mehr) am Arbeitsmarkt partizipieren: Alte, Erwerbslose
etc.

Literaturverzeichnis:

Behrens, Roger (1992): Kritische Theorie, EVA; Berkeley

Dubiel, Helmut (2001): Kritische Theorie der Gesellschaft, Juventa, Weilheim/München

Mütherich, Birgit (2004): Die Problematik der Mensch-Tier-Beziehung in der Soziologie:
Weber, Marx und die Frankfurter Schule, Lit

Schmitt, Jürgen (Hrsg.) (2006): Einfamilienhaus oder City? Wohnorientierungen im
Vergleich, Wiesbaden